VENTE DU VENDREDI 23 NOVEMBRE 1888

HÔTEL DROUOT, SALLE N° 5.

TABLEAUX ANCIENS

DE DIVERSES ÉCOLES

Portraits — Vues de Paris

DESSUS DE PORTES — SUJETS GOTHIQUES

TABLEAUX MODERNES

DONT

Un par Chaplin et deux par A. Servin

EXPOSITION PUBLIQUE

Le Jeudi 22 Novembre 1888

DE 1 HEURE A 5 HEURES 1/2

Mᶜ Paul CHEVALLIER	M. B. LASQUIN
COMMISSAIRE-PRISEUR	EXPERT
10, rue Grange-Batelière, 10	12, rue Laffitte, 12.

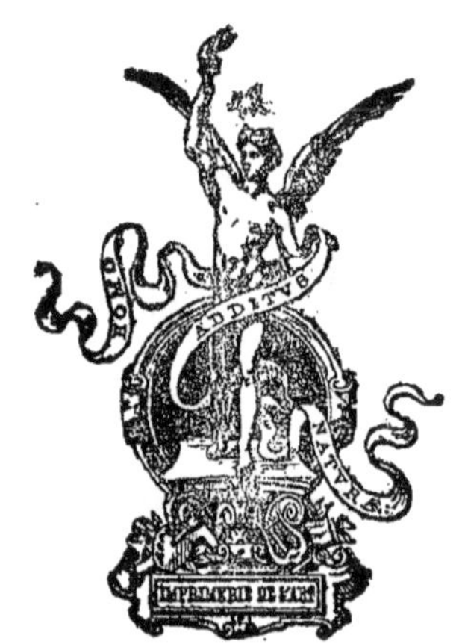

CATALOGUE

DE

TABLEAUX ANCIENS

DE DIVERSES ÉCOLES

PAR ET ATTRIBUÉS A

De Baen, Boucher, Bilcoq, Charpentier, Cuyp, C. Dusart
Gillot, Jeaurat, Largillière, Martin Natoire
P. Neefs, Paret d'Alcazar, Van der Poel, Pynacker, Téniers père
De Vries, Zorg, Roos de Tivoli, etc.

ŒUVRES DES XV⁰ ET XVI⁰ SIÈCLES

Portraits, Vues de Paris, Dessus de portes

TABLEAUX MODERNES

PAR

Chaplin, A. Servin, Lépine, Le Poitevin, etc.

DONT LA VENTE AURA LIEU

HOTEL DROUOT, SALLE N° 5

Le Vendredi 23 Novembre 1888

A DEUX HEURES ET DEMIE

Mᵉ PAUL CHEVALLIER	M. B. LASQUIN
COMMISSAIRE-PRISEUR	EXPERT
10, rue de la Grange-Batelière, 10	12, rue Laffitte, 12

Chez lesquels se trouve le présent Catalogue

EXPOSITION PUBLIQUE

Le Jeudi 22 Novembre 1888, de 1 heure à 5 heures 1/2

CONDITIONS DE LA VENTE

Elle sera faite au comptant.

Les acquéreurs payeront, en sus des adjudications, *cinq pour cent* applicables aux frais.

Paris — Imp. de l'Art, E. Ménard et Cie, 41, rue de la Victoire.

DÉSIGNATION

TABLEAUX ANCIENS

Amerot (Signé).

1 — *Vue du quai aux Fleurs, à Paris; fin du XVIIIe siècle.*

De nombreuses figures animent ce tableau.

Artois (Van).

2 — *Paysage avec rivière.*

Au premier plan, un groupe de trois figures, au bord de l'eau.

Baen (De).

3 — *Portrait d'un prince de la maison d'Orange.*

Debout, à mi-jambes, le bras droit accoudé, la main gauche posée sur la hanche.

Beau portrait, signé et daté.

Bellini (École de).

4 — *Vierge et Jésus.*

Boucher (École de).

5 — *Nymphe et Amour sur des nuages.*

Cadre sculpté.

Bilcoq.

6 — *Le Petit Voleur d'œufs.*

Charmant petit tableau, signé à gauche et daté 1788.

Bilcoq.

7 — *Un Cellier.*

Des baquets, des paniers, des vases en grès et divers autres objets, sont amoncelés contre le mur ; à terre, des bottes de légumes. Au fond, on aperçoit une cuisine et quatre figures.

Très finement peint.

Breughel.

8 — *Anachorète dans un paysage boisé.*

Broek (Van den).

9 — *Fruits.*

Signé.

Carpioni.

10 — *L'Enfance de Bacchus.*

Cerquozzi.

11 — *Fruits et fleurs.*

Charpentier.

12 — *Le Bénédicité.*

Charmante scène villageoise.

Coypel (Attribué à).

13 — *L'Enlèvement d'Europe.*

Dessus de porte.

Cuyp (Albert).

14 — *Bestiaux au pâturage.*

Deux vaches : l'une, blanche, debout ; l'autre, rousse, couchée, et un mouton, pâturent près des ruines d'un château, sous la garde d'un berger endormi au pied d'un arbre.

De Troy (Genre de).

15-16 — *Deux Portraits de femmes en costumes Louis XV.*

Forme ovale.

Deerasse (C). 1805. Signé.

17 — *Paysage accidenté.*

Au premier plan, deux villageois, dont un monté sur un cheval blanc, sont arrêtés sur un chemin conduisant plus loin à des monticules sablonneux.

Dosso Dossi.

18 — *Saint Augustin.*

Dothast (H. A). (D'après Jan Steen).

19 — *La Fête de Noël.*

Belle copie, d'une attrayante composition, de dix figures dans un intérieur.

Dusart (Cornille).

20 — *Villageois en goguette.*

Un homme et une femme, sous une tonnelle, chantent et boivent, assis autour d'une table.

On aperçoit au delà d'autres paysans en fête.

Eisen.

21 — *Les Trois Grâces.*

École flamande (xvᵉ siècle).

22 — *Scènes tirées de l'Histoire de la Passion.*

Précieuse peinture du xvᵉ siècle, finement exécutée.

École flamande (XVIᵉ siècle).

23 — *Le Calvaire.*

> Petite peinture sur cuivre.

École française (XVIIIᵉ siècle).

24 — *Les Vestales.*

École française.

25 — *Femme en buste, les mains dans un manchon.*

École française.

26 — *Portrait de dame, représentée en Diane.*

> Forme ovale.

École française.

27 — *Portrait d'un compositeur du XVIIIᵉ siècle.*

École française.

28 — *Portrait de femme, tenant un éventail.*

> Époque Louis XVI.

École française.

29 — *Cupidon.*

École française.

30 — *Pastorale de deux figures.*

Pastel ovale.

École française.

31 — *Portrait d'homme en buste, en habit bleu, du temps de Louis XV.*

Pastel ovale.

École française.

32 — *Composition mythologique.*

Dessus de porte.

École française.

33 — Deux dessus de portes en grisaille.

École française.

34 — *Fruits.*

Dessus de porte.

École française.

35 — *Allégorie sur l'histoire naturelle.*

A droite, le buste de Buffon.

École française (xviie siècle).

36 — *Portrait d'homme en costume antique.*

École française.

37 — *Portrait de femme.*

    Forme ovale.

École française.

38 — *Fruits et instruments de musique.*

École hollandaise.

39 — *Portrait d'homme en buste.*

École milanaise.

40 — *Sainte Famille.*

    La Vierge, l'Enfant Jésus et deux anges.

École italienne.

41 — *Paysage.*

École italienne.

42 — *Instruments de musique.*

    Deux pendants.

École italienne.

43 — *Anachorète dans des rochers.*

École italienne.

44 — *Ville au bord de la mer.*

École vénitienne.

45 — *Femme en buste.*

Forme ronde.

Gillot.

46 — *Scène de la Comédie italienne.*

Guardi (Attribué à).

47 — *Vue de l'entrée de l'arsenal de Venise.*

Guido Reni (D'après).

48 — Deux dessus de portes.

Fragonard (Attribué à).

49 — *Vénus et Adonis.*

Finard.

50 — *Cavaliers Louis XIII.*

Haanen.

51 — *La Ménagère hollandaise.*

Houel.

52 — *Paysage.*

Honnète (**J**. **J**). 1778. Signé.

53 — *Portrait d'homme.*

Huysmans de Malines (Signé).

54 — *Paysage boisé, avec bergers et bestiaux près d'une mare.*

Huysum (**Van**).

55 — *Paysage avec vue de ruines antiques.*

Trois figures au premier plan.

Inconnu.

56 — *Portrait d'Andréas Hoffer, chef d'insurrection dans le Tyrol.*

Jeaurat (Attribué à).

57 — *Voltaire, à Ferney.*

Il est représenté au milieu d'une nombreuse so-
ciété réunie autour d'une table servie en plein air, et
distribuant l'aumône à une famille malheureuse.
Beau cadre ancien en bois sculpté.

Jordaens.

58 — *Bacchanale : satyres, faunes et enfants.*

Largillière (Attribué à).

59 — *Portrait du maréchal de Noailles.*

Représenté debout, à mi-jambes et de grandeur naturelle, revêtu de l'armure et dans l'attitude du commandement.

Lely (Le Chevalier).

60 — *Portrait d'un prince de la maison d'Espagne.*

Lenglard. 1792. (Signé.)

61 — *Réunion galante.*

Dix figures en costume Louis XIII.

Leriche.

62 — *Brûle-parfums enguirlandé de fleurs.*

Lingelbach (Attribué à).

63 — *L'Abreuvoir à pêcheurs.*

Loo (Attribué à Van).

64 — *Portrait d'Auguste Poniatowski, roi de Pologne.*

Luini (École de).

65 — *Vierge et Jésus.*

Forme ronde.

Maltese (Le Chevalier).

66 — *Instruments de musique.*

Martin.

67 — *L'Escarmouche.*

Morone.

68 — *Portrait d'homme en buste.*

Natoire.

69 — *Berger jouant du flageolet.*

Natoire

70 — *Les Bergers.*

Dessus de porte.

Neefs (Peter).

71 — *Intérieur de la cathédrale d'Anvers.*

Tableau important, animé de nombreuses figures.

Neer (D'après **Van der**).

72 — *Clair de lune.*

Cadre sculpté.

Oudry (Charles).

73 — *Chien d'arrêt.*

Paret d'Alcazar

74 — *Portrait de l'artiste.*

Il est représenté assis sur un talus, au bord de la mer.

Les œuvres de cet artiste sont très rares. Celle-ci est d'une authenticité et d'une conservation parfaites.

Pol (Van).

75 — *Fruits et fleurs sur une console de marbre.*

Cadre Louis XIV, en bois sculpté.

Pagnest (Attribué à).

76 — *Portrait du chirurgien Larrey.*

Palamedes.

77 — *Réunion galante et festin.*

Parmesan (École du).

78 — *Vénus et Cupidon.*

Pillement.

79 — Deux dessins au crayon et un pastel : *Descente de croix.*

Poel (Van der).

80 — *L'Incendie d'une ville.*

Pynacker.

81 — *Paysage et animaux.*

Soleil couchant.

Raoux (Attribué à).

82 — *Portrait d'une comédienne.*

Roos de Tivoli.

83 — *Moutons.*

Chèvres.

Deux pendants.

Rosselli (Come).

84 — *La Sainte Famille.*

Intéressante peinture du xv⁰ siècle.

Santerre (Attribué à).

85 — *La Chanteuse.*

Solario (Genre de).

86 — *Vierge et Jésus.*

Solimène.

87 — *Le Jugement de Salomon.*

Storck.

88 — *Entrée de port.*

Swebach (Genre de).

89 — *Poniatowski à la bataille de Somo-Sierra, 1808.*
Peinture sur porcelaine.

Tassi.

90 — *Ruines ; campagne de Rome.*

Téniers (David) le père.

91 — *Kermesse flamande.*

A droite, près d'une ferme et de deux grands arbres,
un joueur de cornemuse, debout sur un tonneau ;
deux danseurs et divers villageois en goguette, en
partie attablés.

A gauche, près d'un pont jeté sur une rivière,
quatre paysans, dont deux assis sur un banc et vus
de dos, un tonneau, un chaudron et diverses poteries
à terre.

Au delà, d'autres maisons animées de buveurs.

Importante composition d'environ trente-cinq figures.

Téniers (père).

92 — *La Sorcière.*

Tocqué (Genre de).

93 — *Portrait de femme, en robe bleue.*

Trautmann.

94 — *Incendie de village.*

Velde (Attribué à Van de).

95 — *Bestiaux, près d'un aqueduc.*

Watteau (Attribué à).

96 — Fragment de décoration représentant un singe dans des ornements.

Vries (Rénier de).

97 — *Entrée de forêt.*

Sur un chemin, un cavalier au galop et un paysan. Bon tableau dans la manière de Ruysdael, signé en toutes lettres.

Zorgh.

98 — *Intérieur flamand.*

A droite, un porc écorché appendu au mur, divers ustensiles finement peints. Au fond, un homme, une femme et deux enfants.

TABLEAUX MODERNES

Berchère.

99 — *Le Petit Canal au vieux Caire.*

Chaplin.

100 — *Petite Fille.*

> A mi-corps, assise, le visage encadré d'une cheve-
> lure blonde, vêtue d'une robe blanche avec large
> ceinture rose ; elle retient des fleurs sur ses genoux.

Cauchois.

101 — *Bouquet de fleurs des champs.*

Duran (Carolus).

102 — *Bateau de pêche sur la plage, à marée
basse.*

> Étude.

Leloir (Louis).

103 — Copie d'après le Titien.

Leloir (Louis).

104 — *Tête de femme.*

> Étude.

Lépine.

105 — *Vue de Paris.*

> Le pont de la Tournelle et les quais.

Le Poitevin.

106 — *Pêcheurs en mer.*

Melchior Jaubert.

107 — Cinquante aquarelles : Vues des bords de la Méditerranée et du Dauphiné. (Ce lot sera divisé.)

Servin (Année 1860).

108 — *Bestiaux à l'abreuvoir ; soleil couchant.*

> Composition importante.

> *Le Départ du troupeau ; effet du matin.*

> Pendant du précédent.

Stael (Pierre).

109 — *Allégorie de la République de 1848.*
Dessin.

110 — Quatre encadrements, comprenant chacun trois plaques en faïence moderne : Amours, paysages, animaux en camaïeu

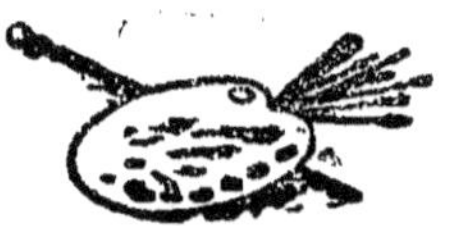

www.ingramcontent.com/pod-product-compliance
Lightning Source LLC
LaVergne TN
LVHW020848200726
843508LV00003B/1096